Primera edición en español: 2006

Yáñez, Ricardo
    Un pajarillo canta / Ricardo Yáñez ; ilus. de Carlos Pellicer
López. – México : FCE, Anturios Ediciones, 2006
    48 p. : ilus. ; 27 x 21 cm – (Colec. Los Especiales a la orilla
del viento. Ser. Poesía para mirar en voz alta)
    ISBN 968-16-8250-5

    1. Poesía Infantil 2. Literatura Infantil I. Pellicer López,
Carlos, il. II. Ser. III. t.

LC PZ7   Dewey 808.068 Y326p

Distribución mundial

Comentarios y sugerencias:
librosparaninos@fondodeculturaeconomica.com
www.fondodeculturaeconomica.com
Tel. (55)5449-1871 Fax (55)5227-4640

Empresa certificada ISO 9001:2000

Coordinación de la colección: Miriam Martínez y Carlos Pellicer López

© 2006 del texto: Ricardo Yáñez
© 2006 de las ilustraciones: Carlos Pellicer López

D. R. © 2006, Anturios Ediciones
Cuauhtémoc 55, Tizapán, San Ángel, 01090, México, D.F.
anturiosediciones@prodigy.net.mx
Tel (55) 56-16-20-11

D. R. © 2006, Fondo de Cultura Económica
Carr. Picacho-Ajusco, 227; 14200, México, D.F.

ISBN 968-16-8250-5

Impreso en México • *Printed in Mexico*

Un pajarillo canta

VERSOS DE RICARDO YÁÑEZ

SELECCIÓN E ILUSTRACIÓN DE CARLOS PELLICER LÓPEZ

La poesía, pienso, desde luego que se hace con palabras, pero de nada servirían esas palabras si no quisieran desaparecer en pro de la imaginación, de las imágenes. Pero tampoco si no fueran un juego, un juego de cada quien, del que la hace, del que la lee. De quien la dice, de quien la escucha. De quien la ve en palabras y en imágenes también la ve.

Del juego con las palabras aprendí cuando niño en una revista, La Familia, donde encontré un acróstico dedicado a ese personaje de la revolución mexicana conocido como La Adelita. Del juego de la imaginación al que impulsa el juego con las palabras supe, sin saber "era muy niño", cuando en mi convalescencia, después de haber sido atropellado por un camión, mi madre, para entretenerme, me puso a escuchar canciones de la radio y a escoger las que más me gustaran.

Conocí ahí las palabras de la música, la música o musicalidad de las palabras y de alguna manera cómo toda imagen es un detonador de historias, de nuestra "siempre pequeña, siempre pequeñita" historia.

Y cómo toda historia tiene al centro una imagen, poética.

Un pajarillo canta
desde la lima
y azahar llovizna.

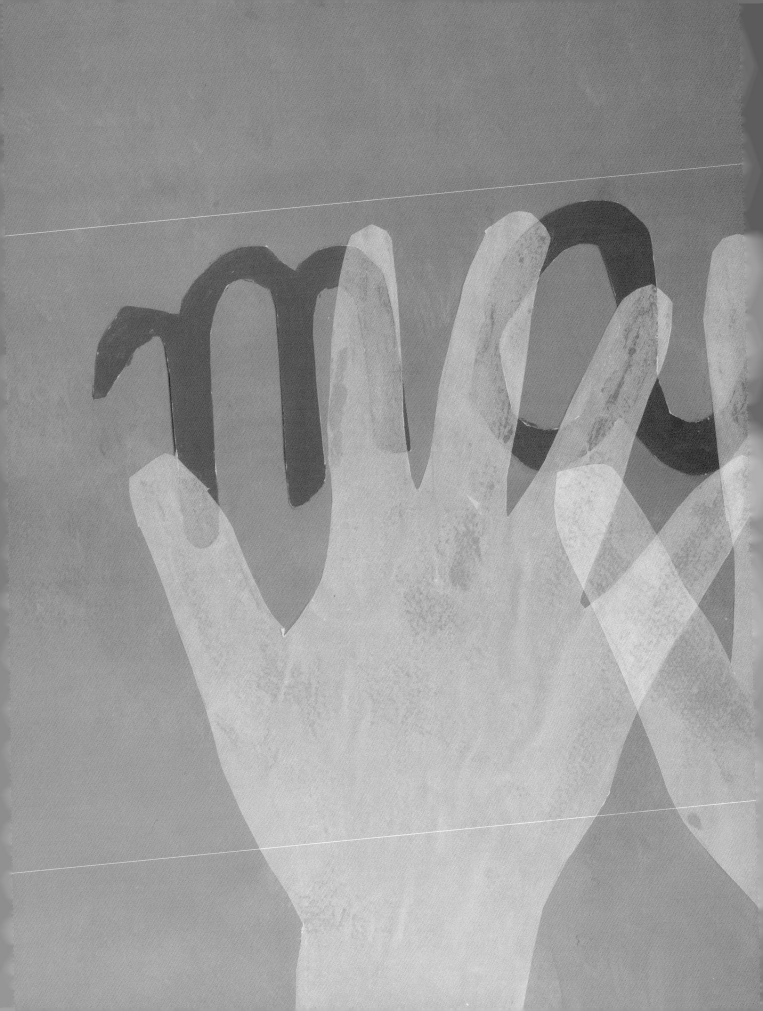

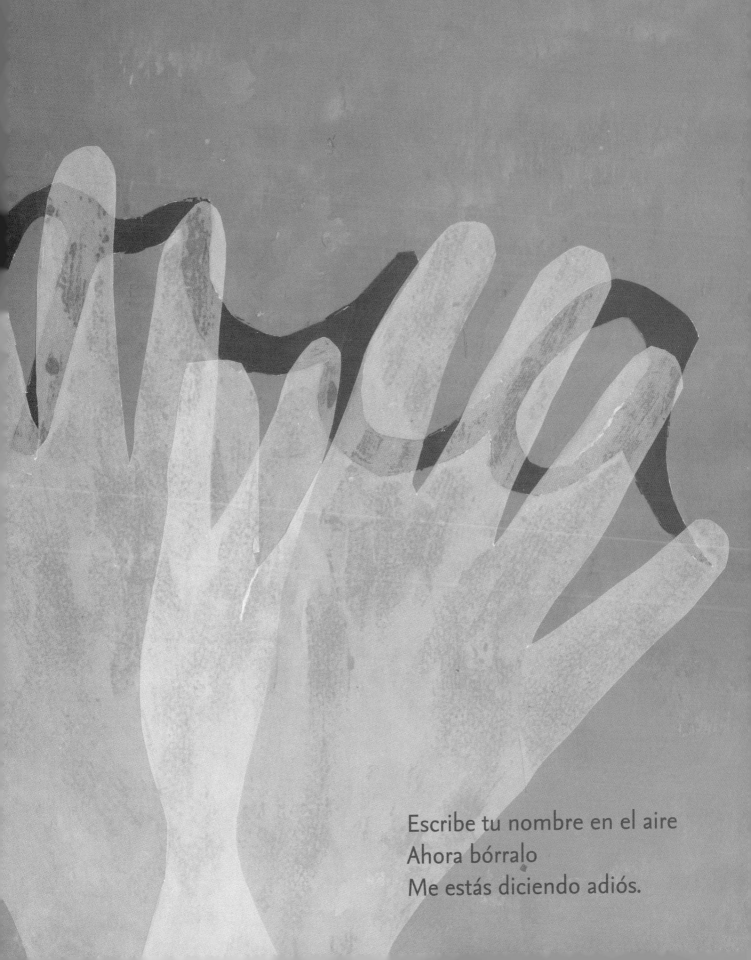

Escribe tu nombre en el aire
Ahora bórralo
Me estás diciendo adiós.

La sonrisa sonríe de su dueño.

Árboles rojos,
árboles amarillos,
árboles verdes,
como un cerro de árboles
y un azul cielo.

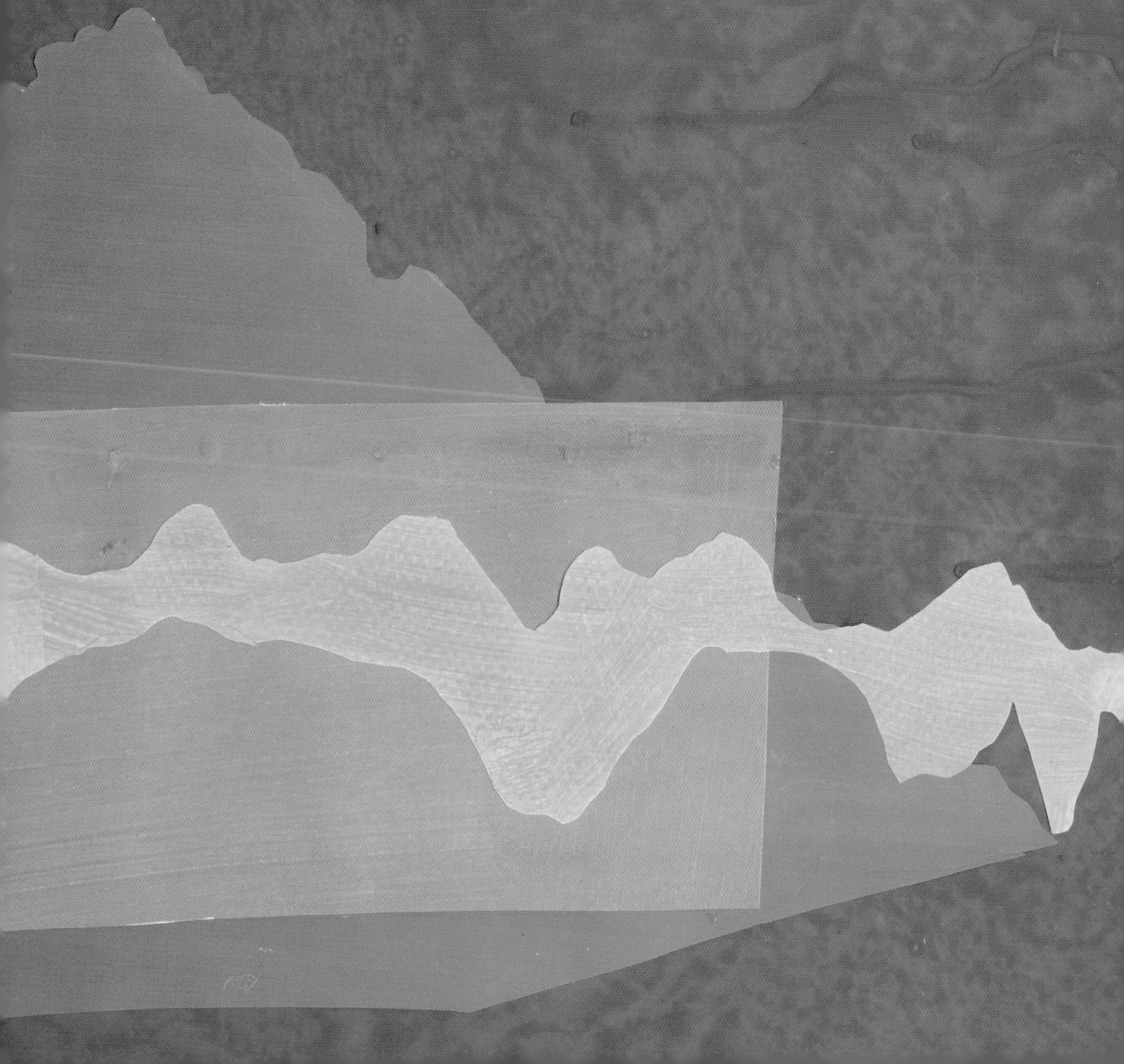

El aleteo
   de la flor del cardo
entre espinas
   de viento.

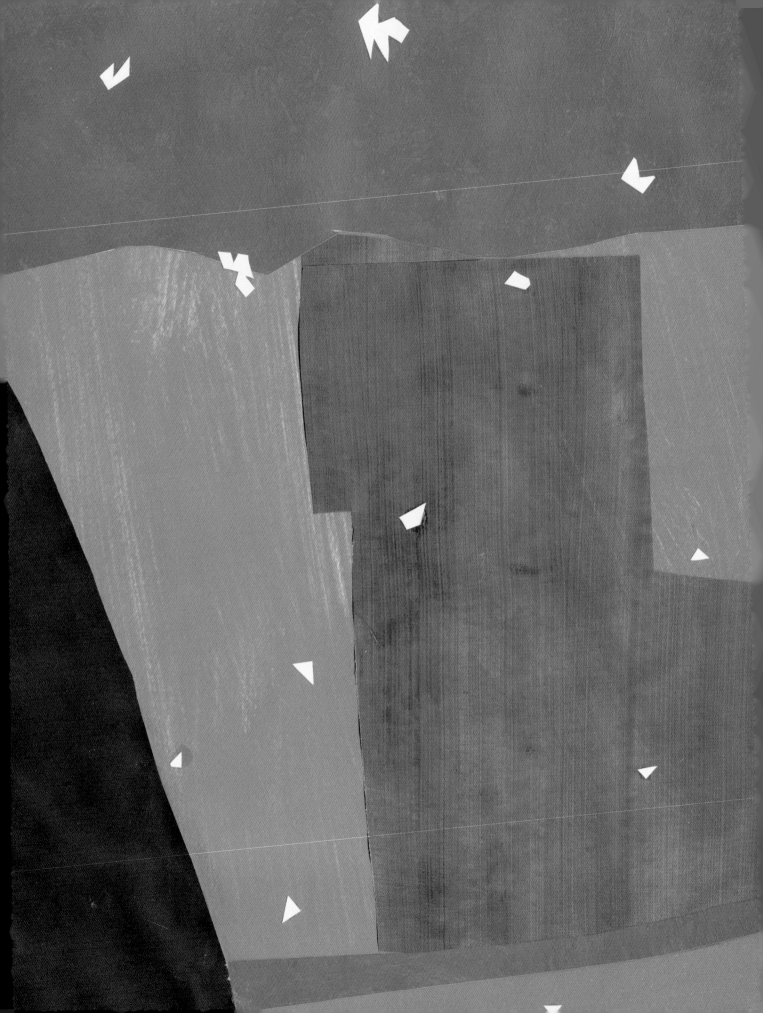

Honda, estrellada,
cae extensa la noche
por la cañada.

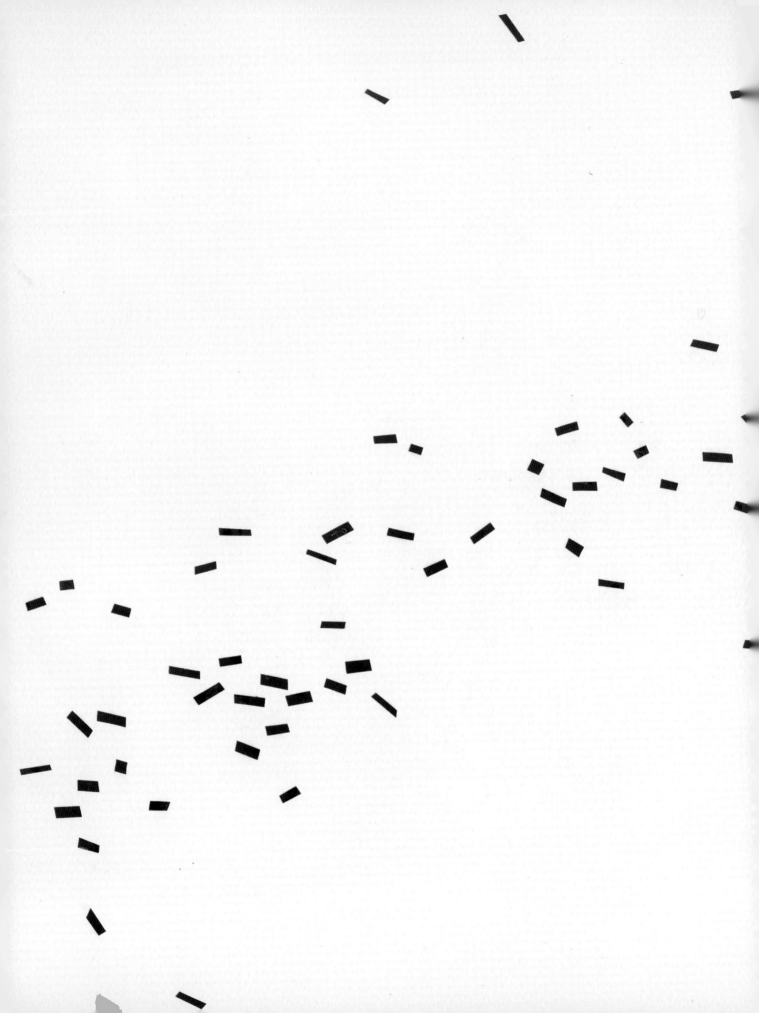

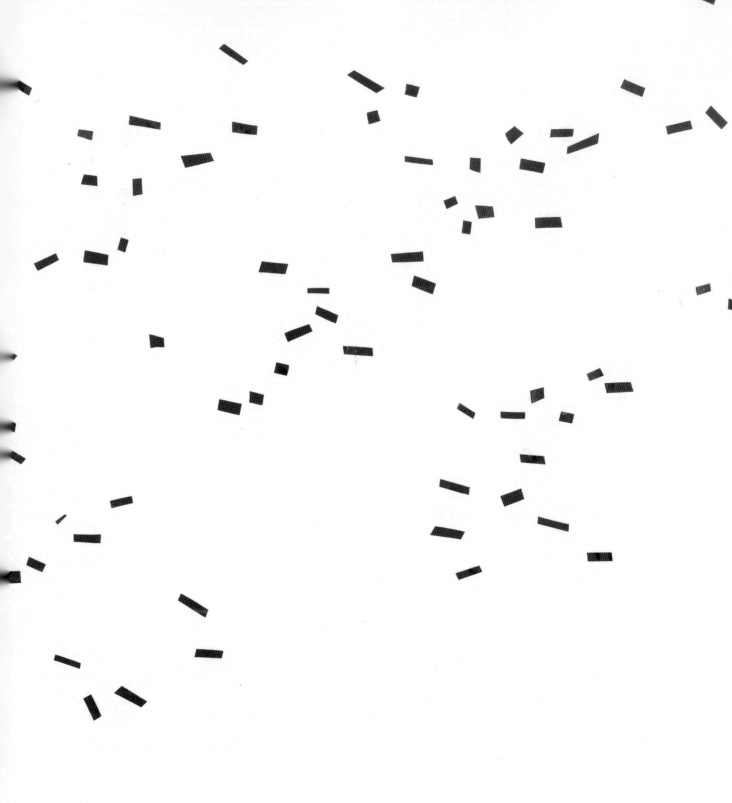

Ah, la parvada,
cientos de notas negras
armonizadas.

Como en sordina
suena el ruido del mar
en la neblina.

Sol renovado
en el agua bebía
solo el venado.

¿Qué es lo que escucha
al fondo del estanque
latir la trucha?

Reía como quien todo lo sabe.
Vivía como una flor.

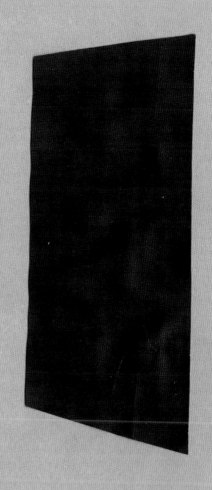

Querer es saberse dar
en una forma sencilla.

Casa de luz
al aire de los días
en la luz.

Hay flores que ordenan el universo.

Rocío del alba
muerde el burro y verdor
azul, alfalfa.

Pájaros, sombras
de pájaros y pájaros
el aire nombra.

La maceta
es la novia provinciana
del sol.

BIBLIOGRAFÍA

NI LO QUE DIGO
Fondo de Cultura Económica
México, 1985

DEJAR DE SER
Ediciones Era
México, 1994

SI LA LLAMA
Trilce Ediciones / IPN
México, 2000

ESTRELLA OÍDA
Ediciones El Aduanero / UAM Azcapotzalco
México, 2002

VADO
Ediciones Era
México, 2004

ÍNDICE DE VERSOS

La primera línea identifica el verso ilustrado.
En la segunda se menciona, si lo hubiera, el título del poema
y enseguida el título del libro de su procedencia.

Un pajarillo canta
SI LA LLAMA

Escribe tu nombre en el aire
Juego. SI LA LLAMA

La sonrisa sonríe de su dueño
ESTRELLA OÍDA

Árboles rojos
ESTRELLA OÍDA

El aleteo
ESTRELLA OÍDA

Honda, estrellada
VADO

Ah, la parvada
VADO

Como en sordina
ESTRELLA OÍDA

Sol renovado
VADO

¿Qué es lo que escucha
VADO

Reía como quién todo lo sabe
NI LO QUE DIGO

Querer es saberse dar
En una cajita de oro. NI LO QUE DIGO

Casa de luz
VADO

Hay flores que ordenan el universo
Flor III. NI LO QUE DIGO

Rocío del alba
VADO

Pájaros, sombras
SI LA LLAMA

La maceta
El sol. DEJAR DE SER

Un pajarillo canta,
de Ricardo Yáñez,
SE TERMINÓ DE IMPRIMIR EN LOS TALLERES
DE IMPRESORA Y ENCUADERNADORA PROGRESO,
S.A. DE C.V. (IEPSA), CALZADA SAN LORENZO
NÚM 244; 09830, MÉXICO, D.F.
DURANTE EL MES DE AGOSTO DE 2006.
SE TIRARON 5 000 EJEMPLARES.